Pflegeratgeber für praktische Lösungen im Arbeitsalltag

Anforderungen an eine kontinuierliche und bedarfsgerechte Pflege

Rahmenbedingungen der „Pflege stationär"

Horst Brzoska

Institut für Altenpflege Neuss
6. Ausgabe – Februar 2018

1

Anforderungen an eine kontinuierliche und bedarfsgerechte Pflege

Rahmenbedingungen der „Pflege stationär"

Horst Brzoska

Institut für Altenpflege, Freithof 30, 41460 Neuss
Telefon: 0151-43165987
E-Mail: horstbrzoska-beratung@t-online.de
www.institut-fuer-altenpflege.de

Inhaltsverzeichnis

Vorwort

Der neue Pflegebedürftigkeitsbegriff hat die Rahmenbedingungen in der Altenpflege fundamental verändert. Nach dem neuen Begutachtungssystem werden jetzt auch kognitive und psychische Beeinträchtigungen pflegebedürftiger Menschen erfasst, was zu einem starken Anstieg der Betreuungsleistungen im Pflegealltag führt. Vor diesem Hintergrund beurteilen Pflegebedürftige bei der Suche nach einem geeigneten Heimplatz künftig Einrichtungen auch danach, wie breit ihr gesundheitliches, soziales und pflegerisches Angebot ist und ob sie örtlich vernetzt sind. Einrichtungsträger müssen sich also fragen: Ist unser bestehendes Leistungsangebot für potenzielle Kunden noch attraktiv genug oder müssen wir uns neu aufstellen und unser Angebot anpassen?

Dieser Ratgeber geht auf die veränderten Anforderungen an eine qualifizierte Pflege explizit ein. Mögliche Projekte für eine breitere Basis könnten sein: Formen der Zusammenarbeit mit Ärzten, Kooperationsverträge mit vertragsärztlichen Leistungserbringern, integrierte Versorgungskonzepte einer übergreifenden Versorgung und Betreuung sowie Vereinbarungen im Rahmen der spezialisierten ambulanten Palliativversorgung (SAPV). Auch ambulante Wohnformen könnten in Zukunft ein interessantes Geschäftsmodell für stationäre Träger sein.

Einrichtungsträger sollten die veränderten Rahmenbedingungen als Chance nutzen, den Wandel sozial zu ge-
stalten und neue sektorenübergreifende Wege gehen, die
sich ausschließlich am Bedarf und dem Wohl der Patienten orientieren. Pflege- und hilfebedürftigen Menschen
kann so ein neues soziales Leben ermöglicht werden.

Horst Brzoska

1. Pflegeeinrichtungen sichern die stationäre Versorgung

Pflegekassen sind für die Sicherstellung der pflegerischen Versorgung ihrer Versicherten verantwortlich. Sie arbeiten dabei mit allen an der pflegerischen, gesundheitlichen und sozialen Versorgung Beteiligten eng zusammen. In der stationären Versorgung schließen Kassen mit Pflegeeinrichtungen Versorgungs- und Vergütungsverträge, in denen Art, Höhe und Laufzeit der Leistungen für einen zukünftigen Vergütungszeitraum geregelt sind. Heimträger können so die mit dem Leistungsauftrag verbundenen Aufwendungen refinanzieren[1]. Vorrangiges Ziel des Versorgungsvertrages ist es, pflege- und hilfebedürftigen Menschen ein möglichst selbstbestimmtes und eigenverantwortliches Leben in Heimen zu ermöglichen. Einrichtungen haben die Leistungen entsprechend dem allgemein anerkannten Stand medizinisch-pflegerischer Erkenntnisse zu erbringen. Unter Achtung der Menschenwürde sind sie auf eine humane und aktivierende Pflege ausgerichtet. Des Weiteren trägt die Einrichtungsleitung die Verantwortung für die Qualität der in der Einrichtung erbrachten Leistungen, die wirksam und wirtschaftlich sein müssen. Der Medizinische Dienst der Krankenkassen (MDK) prüft im Rahmen der jährlichen Qualitätsprüfung ob dies zutrifft.

---

[1] § 85 SGB XI

Mit der Einführung des neuen Strukturmodells in der Pflege haben sich auch die Bedingungen zur Gestaltung und Steuerung des Pflegeprozesses grundlegend verändert. Gab es bisher drei Pflegestufen, an denen sich die Pflegefachkraft orientierten konnte, sind es nach dem neuen System jetzt fünf Pflegegrade, die nicht nur den grundpflegerischen Bedarf, sondern auch kognitive und psychische Beeinträchtigungen des Pflegebedürftigen erfassen. Wesentliches Merkmal für die Einstufung nach dem neuen Begutachtungssystems ist, dass sich die Abstände zwischen den einzelnen Pflegegraden verringert haben und dass bereits kleine Veränderungen des Hilfebedarfs zu einer Höherstufung führen können. Daher hat in Zukunft ein transparentes und effektives Pflegegradmanagement in Pflegeeinrichtungen einen hohen Stellenwert. Die Leitung kann mit diesem Kontrollinstrument schnell auf Veränderungen der Pflegegradstruktur reagieren und notfalls die Personalsteuerung der aktuellen Belegung anpassen.

1.1   Merkmale einer kontinuierlichen und bedarfsgerechten Pflege

Nach dem Wohn- und Teilhabegesetz (WTG) NRW haben Pflegeeinrichtungen mit der in Pflegesatzverhandlungen vereinbarten personellen Ausstattung eine kontinuierliche und bedarfsgerechte Versorgung der Bewohner sicherzustellen. Die Umstellung auf das neue Pflegemodell sowie die veränderte Form der Begutachtung haben dazu beigetragen, dass die beruflichen Anforderungen in der Altenpflege gestiegen sind. Sowohl Führungskräfte als auch Mitarbeiter müssen am eigenen Profil arbeiten. Von ihnen wird in Zukunft erwartet, dass sie sich aktiver mit ihrer Kompetenz und ihrem Wissen in den Begutachtungsprozess einbringen. Am besten bleibt die Umsetzung des neuen System zunächst auf ausgewählte Pflegefachkräfte beschränkt, die das notwendige Know-how haben. Pflegefachkräfte können dem Gutachter auch sehr helfen, indem sie relevante Alltagsinformationen beisteuern und damit die ärztliche Perspektive durch eine pflegerische abrunden.

Zur ersten Orientierung über den möglichen Pflegegrad des Bewohners sollte die Fachkraft bereits vor dem Begutachtungstermin die individuelle Pflegesituation anhand der relevanten Kriterien der Systematischen Informationssammlung (SIS) einschätzen. Die Begleitung und kritische Stellungnahme gegenüber dem Gutachter kann ihr nur gelingen, wenn sie sich gut vorbereitet hat und den Begutachtungsprozess überzeugend begleitet. Die Einstufung in den richtigen Pflegerad des Bewohners stellt letztlich für Pflegefachkräfte eine permanente Herausforderung an ihr Wissen und ihre Erfahrungen dar.

1.1.1 Pflegeplanung nach dem neuen Pflegemodell

Nur eine transparente und effektive Pflegeplanung kann gute Pflegequalität auf Dauer in der Einrichtung sichern. Das mit der Pflegereform eingeführte neue Pflegemodell baut nicht mehr auf den früheren Zeitkorridoren der Pflegestufen auf, sondern orientiert sich an den sechs Themenfeldern der Systematischen Informationssammlung (SIS). Mit der SIS kann die Pflegefachkraft den Unterstützungs- und Hilfebedarf des Pflegebedürftigen systematisch und für alle Pflegegrade vergleichbar erfassen. Da alle Lebensbereiche eng miteinander verknüpft sind, kann die planende Pflegefachkraft recht gut die Zusammenhänge zwischen den einzelnen Bereichen erkennen und aufeinander abstimmen.

Nachstehend sind die wichtigen Merkmale einer transparenten und effektiven Pflege- und Prozessplanung kurz beschrieben:

- Für jeden Bewohner ist ein individueller Pflege- und Hilfeplan zu erstellen, in dem die spezifischen Risiken (z.B. psychische Erkrankungen und suizidale Tendenzen) aufzunehmen und umzusetzen sind.
- Aufgaben und Verantwortung der täglichen Arbeit sind verbindlich an die Mitarbeiter festzulegen.

- Bei der Pflegeplanung nach dem neuen Pflegemodell hat die Pflegefachkraft die Wünsche und Bedürfnisse der Bewohner bereits bei der Planung zu berücksichtigen. Bewohner/Patienten sollten nach ihren Ideen und Vorlieben gefragt werden; so kann die Pflege entsprechend abgeändert werden, wenn die Patienten ein bestimmtes Medikament nicht einnehmen oder bestimmte Ernährungsgewohnheiten ändern wollen.

- Eine bedarfsgerechte und flexible Einsatzplanung soll gewährleisten, dass das Personal wirtschaftlich und in überschaubaren Pflegeteams eingesetzt wird und arbeitsrechtliche Belange der Mitarbeiter dabei berücksichtigt werden (z.B. Freizeit für Arbeit am Sonntag).

- Verändert sich z.B. der Pflegestufenmix gravierend auf einem Wohnbereich, dann müssen die Dienstzeiten sowie die täglichen Abläufe der Versorgung entsprechend angepasst werden.

Ob die gesetzlichen Vorgaben eingehalten werden, prüft der Medizinische Dienst der Krankenkassen (MDK) anhand folgender Kriterien:

- Von Montag bis Freitag werden Schwankungen zwischen den Wochentagen oder zumindest zwischen Früh- und Spätdienst vermieden.

- In der Nacht muss eine Pflegefachkraft immer anwesend sein.
- Besetzung an Wochenenden/Feiertagen wird nicht wesentlich mit der Besetzung in der Woche unterschritten.
- Soziale Betreuung wird zu unterschiedlichen Tageszeiten und auch am Wochenende angeboten z.B. durch Betreuungsassistenten.
- Die hauswirtschaftliche Versorgung ist täglich gewährleistet.
- Anhand der Dienstpläne von drei Kalendermonaten prüft der MDK, ob die Voraussetzungen für alle Dienste erfüllt sind und ob es keine gravierenden Änderungen im Zeitablauf gibt. Darüber hinaus prüft der Personalabgleich durch Soll-Ist-Vergleich, ob es Abweichungen von der vereinbarten Personalmenge gibt.

<u>**Empfehlungen des Gutachters zur Pflegeplanung**</u>

Die Qualität der pflegerischen Leistungen hängt entscheidend von einer professionellen und transparenten Pflege- und Maßnahmenplanung ab. In der Praxis kann sich die Pflegefachkraft hier auf die Empfehlungen des Gutachters stützen, die nachstehend kurz zusammengefasst sind.

Modul 1 -   Mobilität

Die Mobilität ist von zentraler Bedeutung für die Ausprägung von Pflegebedürftigkeit und zugleich eine eminent wichtige Ressource zur Kompensation und Bewältigung anderer gesundheitlicher Beeinträchtigungen. Sie sollte daher bei der Pflege-/Hilfeplanung besondere Aufmerksamkeit finden, nicht zuletzt auch im Hinblick auf aktivierende und mobilitätsfördernde Maßnahmen im Rahmen der täglichen Pflege.

Modul 2 -   Kognitive und kommunikative Fähigkeiten

Das neue Instrument weist einen vergleichsweise hohen Grad der Differenzierung kognitiver Fähigkeiten auf. Für die Erstellung einer individuellen Pflegeplanung dürften nur noch wenige ergänzende Einschätzungen erforderlich sein. Allerdings werden mit dem Begutachtungsverfahren keine individuellen biografischen Informationen erfasst, die für die Aktivierung und Förderung der verbliebenen kognitiven Ressourcen der pflegebedürftigen Person unerlässlich sind.

Modul 3 –   Verhaltensweisen und psychische Problemlangen

Eine systematische Einschätzung der Ausprägung von Verhaltensweisen und psychischen Problemlagen in den genannten Dimensionen wird durch ambulante und stationäre Pflegeeinrichtungen derzeit äußerst selten vorgenommen. Bislang stehen auch kaum für den Versorgungsalltag geeignete Assessment-Instrumente zur Verfügung.

Modul 4 -   Selbstversorgung

Die zu berücksichtigenden Aktivitäten in diesem Modul stellen den umfangreichsten Teil der individuellen Pflegeplanung dar. Benötigt werden u.a. weitergehende Einschätzungen des Hautzustands (Körperpflege), des Mund-/Zahn- und Ernährungsstatus, der Besonderheiten bei kombinierter Nahrungsaufnahme (oral und Sonde), eventueller Störungen im Bereich von Ausscheidungen und einige weitere Punkte mehr. Die Einschätzungsergebnisse liefern einige (grobe) Hinweise auf Ansatzpunkte für die ressourcenfördernde „aktivierende" Pflege. Insbesondere die Merkmalsausprägungen „überwiegend selbständig" und „überwiegend unselbständig" sollten zu einer genaueren Prüfung dieses Aspekts veranlassen. Weitere wichtige Hinweise ergeben sich aus den Feststellungen des Gutachters zur Abklärung des Rehabilitationsbedarfs, die für eine Ressourcenförderung direkt ablesbar wären.

Modul 5 -   Krankheit und therapiebedingte Anforderungen und Belastungen

Die im Rahmen von Modul 5 erfassten Informationen bieten bereits eine gute Grundlage für die Erstellung einer Pflege- oder Hilfeplanung, da hier sowohl die entsprechende Aktivität als auch ihre Häufigkeit erfasst ist. Dies ist kein Feld für Diagnosen oder sonstige ärztliche Informationen. Bei dem Hilfebedarf, der hier entsteht, handelt es sich vielfach um edukative und beratende Interventionen, die die genannten Anpassungsprozesse einer Person an das Leben mit der Krankheit und ihren Konsequenzen befördern und unterstützen sollen. Sie sind vor allem auf die Stärkung der Selbstmanagementkompetenzen einer Person ausgerichtet. Halten Sie hier nur die krankheitsbedingten Belastungssituationen fest, die sowohl Pflege als auch Betreuung betreffen. Ein Beispiel dafür sind Schmerzen des Patienten. Wichtig ist auch das Wissen um die Erkrankung und die damit verbundenen Anforderungen, um medizinisch verordnete Maßnahmen effektiv durchführen und überwachen zu können.

Modul 6 -   Leben in sozialen Beziehungen

Das Modul „Leben in sozialen Beziehungen" listet hierzu sechs Kriterien auf, um für alle Bewohner passende zusätzliche Betreuungsangebote anbieten zu können. Die Darstellung der qualitativen Ausprägungen bei den einzelnen Aktivitäten reicht aus, um Anhaltspunkte für eine Hilfeplanung ableiten zu können. Aus einem Recht auf Betreuungsleistungen besteht nun eine Pflicht für stationäre Einrichtungen, diese Leistungen auch anzubieten.

1.2   Regeln für den Nachtdienst

Der Nachtdienst dauert 10 Stunden und nimmt über 40 % des gesamten Tageskontingents ein. Welche quantitative und qualitative Nachtbesetzung erforderlich ist, ist immer wieder ein strittiges Thema in der Langzeitpflege, weil der Hilfebedarf des Bewohnerklientel keine konstante Größe ist und somit von einem wechselnden nächtlichen Hilfebedarf ausgegangen werden muss. Bisher orientierten sich Pflegeeinrichtungen bei der Besetzung weitgehend an der Rechtsprechung des Oberverwaltungsgerichts[2], das von einem Schlüssel von 1 zu 50 Bewohnern und mindestens einer anwesenden Pflegefachkraft in der Nacht ausgeht. Allerdings kann die Heimaufsicht bei entsprechendem Bedarf auch höhere Anforderungen festlegen. Eine für die Besetzung des Nachtdienstes wegweisende Entscheidung hat jetzt das Verwaltungsgericht Cottbus[3] getroffen. In seinem jüngsten Beschluss geht das Gericht nun vom neuen Pflegebedürftigkeitsbegriff aus und argumentiert:

Der Einsatz von nur einer Pflegefachkraft in der Nacht reicht nicht für die Betreuung von 50 bis 60 Bewohnern aus, weil ein erheblicher Anteil der Bewohner mit Pflegegrad 4 und 5 mehrmals nächtliche Unterstützung benötigt und von einem erheblichen zeitlichen Bedarf der

---

[2] OVG vom 2.7.2009, 12 A 26390/70
[3] VG Cottbus vom 22.11.2017, AZ: L 294/17)

Pflegekräfte auszugehen ist. Beispiele: Lagerungswechsel, Toilettengang, regelmäßig zu erwartende nächtliche Vorfälle wegen Inkontinenz oder nächtlicher Unruhe. Bereits dann, wenn ein regulärer und nichthinzukommender krankheitsbedingter Mehrbedarf zu ermitteln ist, ist für 20 Bewohner der Pflegegrade 4 und 5 von mehr als 40 einzelnen Verrichtungen in der Nacht auszugehen. Nach Ansicht des Gerichts ist bereits die Versorgung von 21 Bewohnern der Pflegegrade 4 und 5 von einer einzigen Pflegekraft nicht sicherzustellen.

Die jüngste Entscheidung des Gerichts zeigt, das starre Personalschlüssel nicht mehr weiter helfen. Vielmehr sollte in gewissen Abständen die bestehende Arbeitsablauforganisation im Nachtdienst in Bezug auf die anfallenden Tätigkeiten jeweils überprüft werden. So ist es z.B. kein Qualitätsmerkmal, nachts zu allen Bewohnern dreimal ins Zimmer zu laufen und so deren Nachtruhe zu stören. Konkrete Alternativen, den Nachtdienst in Bezug auf eine adäquate Bewohnerversorgung zu unterstützen, können z.B. versetzte Spät- oder Frühdienste sein. Unabhängig von der Größe der Einrichtung besteht immer die Möglichkeit, anfallende Arbeitsspitzen vor allem am Übergang von Spät- zum Nachtdienst im Dienstplan zu berücksichtigen. Eine Entlastung des Nachtdienstes bei reduzierter Besetzung darf sich allerdings nur auf solche Tätigkeiten beziehen, die unter Berücksichtigung einer nachlassenden Konzentration leicht durchgeführt werden können.

<u>**Der Rat für die Praxis**</u>

Der nächtlichen Bewohnerversorgung muss eine hohe Beachtung geschenkt werden. Manche Bewohner fühlen sich der scheinbar endlosen Nacht ausgeliefert. Bei der Berechnung des Personalschlüssels in der Nacht sollte hinterfragt werden, welche Tätigkeiten fallen denn überhaupt anfallen. Diese Frage zu beantworten ist wichtig, weil es um die erforderliche Qualifikation der Mitarbeiter geht und wie viele Pflegekräfte in der Nacht benötigt werden. Für den nächtlichen Interventionsbedarf sollten folgende Indikatoren bewertet werden:

- Anzahl der Bewohner in den PG 4 und 5,
- Anzahl der immobilen Bewohner, die Hilfe bei Toilettengängen und ähnlichem benötigen,
- Anzahl der Bewohner mit nächtlichen Unruhezuständen,
- Bauliche Besonderheiten, wie getrennte Gebäudekörper und Pflegebereiche
- Keine starren Vorgaben, sondern mit einem flexiblen Nachtdienstschlüssel kann mehr für eine qualifizierte Versorgung der Bewohner getan werden.

2. Personalausstattung über Pflegeschlüssel berechnen

Auf dieser und den nächsten Seiten wird beschrieben, wie Einrichtungen das vorzuhaltende Pflegepersonal berechnen können. Dies geschieht in NRW auf der Grundlage landesweit vorgegebener Pflegeschlüssel, die nach den Vorstellungen der Selbstverwaltungsorgane in der Pflege eine wirtschaftliche Betriebsführung der Einrichtungen ermöglichen sollen. Das alte System der Pflegestufen verknüpfte die Personalrichtwerte direkt mit den Pflegeerlösen, so dass das Personal belegungsabhängig eingesetzt werden konnte. Ab 2017 wurde die bisherige Regelung zwar fortgeschrieben, allerdings ohne die Personalrichtwerte an die neue Erlössituation anzupassen. Das bedeutet: Ein direkter Zusammenhang zwischen Personalmenge und Höhe der Pflegesätze ist nicht mehr gegeben. Ergeben sich im Laufe des vereinbarten Pflegezeitraums systembedingte oder alltägliche Abweichungen von der geplanten Belegung, sollte die Leitung für jeden Pflegegrad jeweils prüfen, ob die Kosten noch refinanziert werden. Notfalls müssen die Einbußen bei den Erlösen durch neue, individuell auf die Pflegesituation bezogene Pflegeschlüssel, angepasst werden.

Fazit: Weil die Erlöse von den Pflegeschlüsseln entkoppelt wurden, stimmt die über die Richtwerte berechnete Personalmenge nicht mehr mit der Refinanzierung durch die Pflegesätze überein. Die vorgegebenen Richtwerte können damit nicht länger als Garant für einen wirtschaftlichen Personaleinsatz angesehen werden.

Die folgende Übersicht zeigt, wie viele Vollzeitkräfte dem Musterhaus mit 80 Planbetten nach den NRW-Pflegeschlüsseln für den Pflegezeitraum 1. Oktober 2017 bis 30. September 2018 zur Verfügung stehen (siehe Pflegeratgeber Oktober 2017). Berechnungsgrundlage ist eine Auslastung von 95 Prozent der Planbetten.

<u>Berechnung Soll-Vollzeitpflegekräfte</u>

Pflege-grad	Bewoh-ner	Pflegeschlüssel	Berechnung		Soll-Vollzeit-kräfte (VK)
2	12	1 : 4,66	12 : 4,66	=	2,76
3	28	1 : 3,05	28 : 3,05	=	9,18
4	24	1 : 2,24	24 : 2,24	=	10,71
5	12	1 : 2,00	12 : 2,00	=	6,00
	76		gesamt:	=	28,65

2.1 Pflegeschlüssel der veränderten Belegung anpassen

Die Entkoppelung der Erlöse von den Pflegeschlüsseln führt dazu, dass sich die mit zunehmenden Pflegegraden gegebenen Steigerungen des Gesamtentgelts nicht mehr unmittelbar an den Kosten des Mehr-Personals orientieren. Damit stimmt auch die nach den Personalschlüsseln berechnete Personalmenge nicht mehr mit der Refinanzierung durch die Pflegsätze überein. Ergeben sich Abweichungen von der Belegungsstruktur, wirken sich diese bei schlüsselgenauer Steuerung auch auf die Erlössituation aus. Dies kann lediglich durch eine Mischkalkulation kostendeckender und defizitärer Pflegegrade aufgefangen werden. Als wichtigste Steuerungsgröße müssen daher die landesweit einheitlichen Schlüssel jeweils an die aktuelle Belegung angepasst werden, damit die Pflegesätze auskömmlich sind. Die Bestimmung neuer Kennzahlen betrifft zudem auch den Personalabgleich, der von der Heimaufsicht regelmäßig über mehrere Monate durchführt wird. Hier prüft die Behörde, ob das mit den Kostenträgern vereinbarte Personal von der Pflegeeinrichtung auch tatsächlich vorgehalten wird. Trifft das nicht zu, muss die Einrichtung mit Entgeltkürzungen rechnen, wenn die Personalausstattung nicht nur vorübergehend unterschritten wird[4]. Nach der neuen gesetzlichen Regelung sind Vergütungskürzungen auch

---

[4] § 115 Abs. 3 b SGB XI

möglich, wenn die Personalausstattung planmäßig und zielgerichtet unterschritten wird oder die in der Pflegesatzverhandlung vereinbarten Gehälter nicht gezahlt werden. Bisher war eine Kürzung der Pflegevergütung nur im Falle einer nicht qualitätsgerechten Leistungserbringung möglich. Selbst eine "nicht nur vorübergehende Unterschreitung" der Personalausstattung kann zu Kürzungen führen – also auch dann, wenn sie durch Lücken im Controlling gar nicht bemerkt wird. Daher hat eine zeitnahe und sorgfältige Personalsteuerung eine noch größere Bedeutung. Wie genau die Überprüfung der Einhaltung der Personalausstattung oder der verhandelten Personalkosten von statten gehen soll, wird im Qualitätsausschuss noch ausgearbeitet[5]. Die Vertragsparteien vereinbaren bis zum 1. Januar 2018 das Verfahren zur Kürzung der Pflegevergütung. Die Vereinbarung wird dann sofort nach Veröffentlichung im Bundesanzeiger zu Beginn des folgenden Monats für alle Pflegeeinrichtungen gelten.

Die Möglichkeit der Neuverhandlung Entgelte besteht, wenn sich wesentliche Annahmen der Pflegesatzverhandlung geändert haben[6]. Die gesetzlich zulässige Möglichkeit besteht immer dann, wenn die Abweichungen mehr als zehn Prozent ausmachen. Insbesondere ist das für kleinere Einrichtungen ratsam, wenn die Belegungs-

---

[5] § 113b SGB XI
[6] § 85 Abs. 7 SGB XI

zahlen erheblich zurückgehen oder durch erhebliche Veränderungen der Bewohnerstruktur Einrichtungen in wirtschaftliche Schieflage geraten. Die Gründe für die Änderung der Berechnungsgrundlage sind hier einfach darstellbar. Wenn z.B. drei Bewohner aus dem Pflegegrad 5 durch drei Bewohner aus dem Pflegegrad 2 ersetzt werden, ist sicherlich keine Verbesserung der Belegung und damit der Umsatzentwicklung in einem absehbaren Zeitraum zu erwarten. Auch die Kostenträger dürften dann davon ausgehen, dass an der aktuellen Vergütungssituation nicht mehr festgehalten werden kann. Wird die Neuverhandlung von den Kostenträgern abgelehnt, kann die Schiedsstelle dies prüfen.

2.2 Eignung der Mitarbeiter

Ein wichtiges und zugleich herausragendes Merkmal für die Leistungsfähigkeit einer stationären Pflegeeinrichtung ist die mit den Kostenträgern vereinbarte Personalmenge und die Qualifikation der Mitarbeiter. Nach den gesetzlichen Vorgaben des Wohn- und Teilhabegesetzes (WTG) NRW müssen diese persönlich und fachlich geeignet sein. Vorausgesetzt wird, dass sich die verantwortliche Pflegefachkraft von der persönlichen und fachlichen Eignung der Mitarbeiter jeweils überzeugt hat. In der Ausbildung hat die Praxisanleitung die Verantwortung für die in der Einrichtung eingesetzten Auszubildenden. Leitungskräfte müssen dafür sorgen, dass betreuende Tätigkeiten nur durch Fachkräfte, die eine dreijährige Ausbildung absolviert haben, oder unter deren angemessener Beteiligung wahrgenommen werden. Pflegefachkräfte sind verpflichtet, ungelernte Kräfte regelmäßig anzuleiten und zu unterweisen, und dies auch zu dokumentieren.

Bis zu einer Neureglung der Pflegeschlüssel in 2020 bleibt die Frage? Sind Pflegeeinrichtungen in der Lage, mit den in NRW vorgegebenen Personalschlüsseln eine humane und aktivierende Pflege unter Achtung der Menschenwürde zu gewährleisten?

Pflegefachkraftquote. Betreiber von Pflegeeinrichtungen und deren Leitung haben sicherzustellen, dass die Gesamtzahl der Beschäftigten und ihre Qualifikation für eine leistungsfähige Versorgung der Bewohner ausreichen. Dies ist der Fall, wenn Zahl und Qualifikation der Beschäftigten dem in der Pflegesatzverhandlung ermittelten Bedarf entsprechen. In jedem Fall müssen mindestens die Hälfte aller Betreuungskräfte Fachkräfte sein. Berechnet werden diese anhand der Vollzeitstellen nach dem Stellenplan. Der Fachkräfteeinsatz ist bezogen auf die insgesamt in der Einrichtung beschäftigten Fach- und Führungskräfte und nicht auf einzelne Etagen oder Wohnbereiche, wie es vereinzelt von Behörden oder der Heimaufsicht gefordert wird. Zu den Fachkräften zählt in NRW auch eine Fachkraft, die für die Betreuung hauswirtschaftlicher Belange zuständig ist. Abweichungen der Personalmenge vom geplanten Soll sind nur möglich, wenn dies für eine fachgerechte Betreuung der Heimbewohner ausreicht. Im konkreten Einzelfall sollte sich die Leitung hier am besten mit der zuständigen Heimaufsichtsbehörde abstimmen.

2.3 Wirtschaftlicher Personaleinsatz der Mitarbeiter

Eine wirtschaftliche Betriebsführung setzt voraus, dass die Einrichtung im Rahmen ihres Versorgungsauftrages eine bestmögliche Versorgung der Bewohner gewährleistet. Dazu sind die in Pflegesatzverhandlungen vereinbarten personellen und sachlichen Mittel bedarfsgerecht einzusetzen. Der Pflegedienstleitung muss bei der Dienstplangestaltung der Spagat zwischen wirtschaftlichem Handeln und einer verlässlichen Personalplanung für die Mitarbeiter gelingen. Von Vorteil für diese nicht immer leicht zu lösende Aufgabe sind flexible Arbeitsverträge, weniger starre Pflege- und Tagesabläufe sowie variable Schichtstärken, um hohe Belastungen und teure Überstunden der Mitarbeiter zu vermeiden. Eine verlässliche Planung trägt hier dazu bei, die Arbeitsabläufe effektiv und transparent zu organisieren. Standards und Ablaufbeschreibungen verbessern dabei die Qualität der pflegerischen Leistungen. Während Standards festlegen, welche Schwerpunkte mit einer Verrichtung verbunden sind, beschreiben Tätigkeits- und Ablaufbeschreibungen lediglich, wie eine spezifische Handlung in kleinen Schritten auszuführen ist.

Der Einsatz der Mitarbeiter sollte gleichmäßig über die ganze Woche verteilt werden. Dazu eignen sich kürzere Dienste in der 5,5- oder 6-Tage-Woche besser als in der

5-Tage-Woche, weil die Dienste dann stärker besetzt werden können.

Dienstübergaben. Standardisierte Dienstübergaben sind ein wichtiges Instrument für den reibungslosen Informationsaustausch der Mitarbeiter auf der Station, weil alle nach dem gleichen Muster arbeiten. In der Regel ist die Schichtleitung oder eine erfahrende Pflegefachkraft für die ordnungsgemäße Durchführung verantwortlich. Sie lenkt den Informationsaustausch inhaltlich und ergebnisorientiert. Die Eintragungen in der Pflegedokumentation sollten vorher abgeschlossen sein. Auch der Pflegebericht ist vor Beendigung jeder Schicht zu schreiben. Neuaufnahmen werden erfahrungsgemäß ausführlicher besprochen. Der Moderator fasst immer wieder zentrale Aussagen kurz zusammen. Jeder Wohnbereich führt täglich standardisierte Übergaben über das Befinden der Bewohner und die Beobachtungen aus der laufenden Schicht durch. Auch Schüler, Praktikanten und Hilfskräfte sollten bei der Übergabe dabei sein. Besonders wichtig sind die Übergabegespräche für Nachtwachen, die gleich mehrere Stationen zu betreuen haben. Die Pflegedienstleitung sollte in regelmäßigen Abständen, zum Beispiel einmal monatlich, an den Dienstübergabegesprächen teilnehmen.

Bei der mündlichen Übergabe dient der schriftliche Bericht als Gesprächsleitfaden. Eine kurze, prägnante Zusammenfassung über den Zustand eines Pflegebedürftigen und eventueller Komplikationen, diese mit Uhrzeit und Namenskürzel versehen, reichen aus. Die Zeiten sollten im Dienstplan vermerkt sein. Übergabezeiten sind innerhalb der regulären Dienstzeit einzuplanen und als angemessen anzusehen, wenn sie zwischen Frühdienst und Spätdienst 30 Minuten, Spätdienst und Nachtdienst 15 Minuten und Nachtdienst und Frühdienst 15 Minuten dauern.

Der Rat für die Praxis

Für die Berechnung des Personalschlüssels in der Nacht sollte hinterfragt werden, welche Tätigkeiten denn überhaupt anfallen. Dies ist wichtig, um die Frage beantworten zu können: Welche Qualifikation braucht der Mitarbeiter und wie viele Pflegekräfte werden benötigt? Folgende Indikatoren sollten für den nächtlichen Interventionsbedarf bewertet werden:

- Anzahl der Bewohner in den PG 4 und 5,
- Anzahl der immobilen Bewohner, die Hilfe bei Toilettengängen und ähnlichem benötigen,
- Anzahl der Bewohner mit nächtlichen Unruhezuständen,
- Bauliche Besonderheiten, wie getrennte Gebäudekörper und Pflegebereiche

Fazit

Nach der aktuellen Rechtsprechung des Verwaltungsgerichts Cottbus wird man den Nachtdienst unter dem Gesichtspunkt des neuen Pflegebedürftigkeitsbegriffs in Zukunft neu beleuchten müssen. Notwendig ist, dass die Pflegesatzkommission den ordnungsrechtlichen Rahmen für neue Schlüssel vorgibt bzw. Pflegekassen und Einrichtungsträger sich auf verbesserte Richtwerte einigen. Solange es keine Neuregelungen gibt, sind Einrichtungsträger allerdings gezwungen, selbst den notwendigen Personalbedarf jeweils konkret für die Nacht zu berechnen.

Horst Brzoska

www.ingramcontent.com/pod-product-compliance
Lightning Source LLC
Chambersburg PA
CBHW051928250726
48659CB00002B/894